Comment tout à commencé
How it all started...

Dans mon jardin, il y a un arbre qui a une porte magique...

In my garden, there is a tree who has a magical door...

Elle conduit à Twinkle Farm, une terre enchantée où vit un chaton nommé Bubble.

It leads to Twinkle Farm, an enchanted land where lives a kitten named Bubble.

De derrière la porte magique, Bubble peut me voir...

From behind the magical door, Bubble can see me.

Un jour Bubble est sorti et on est devenu meilleurs amis...

One day Bubble came out and we became best friends.

Bubble a fini par devoir rentrer a Twinkle Farm, mais il ne m'a jamais oubliée. Maintenant il m'ecrit un livre tous les mois.

Bubble had to eventually go back to Twinkle Farm, but he never forgot about me. Now he writes me a book every month.

Ses livres sont pleins d'amour et de bons conseils. Lisons-les ensemble!

His books are full of love and good advice. Let's read them together!

Ma chère amie,

Ici ton ami Bubble. Je suis heureux d'être de retour à Twinkle Farm, mais tu me manques aussi beaucoup.

My dear friend,

It's your friend Bubble here! I'm happy to be back at Twinkle Farm, but I also miss you a lot!

La semaine dernière c'était la Fête des Mères, et nous nous sommes mis à fabriquer des cadeaux pour nos mamans.

Last week it was Mother's Day, and we all got busy making presents for our mummies.

Matty Monkey a fait une empreinte de ses petites mains.

Matty Monkey made an imprint of his little hands.

Paquita Possum a fait de la confiture délicieuse avec les fraises de son jardin.

Paquita Possum made some delicious jam from the strawberries she grew in her garden.

April Alpaca a tricoté une belle écharpe avec sa propre laine.

April Alpaca knitted a beautiful scarf with her own wool.

Donny Donkey a cueilli des fleurs toutes fraîches et les a mises dans un vase à côté du lit de sa Maman.

Donny Donkey picked fresh flowers and put them in a vase next to his mummy's bed.

Gloria Goat a construit une petite maison en bois avec des bâtons d'esquimaux.

Gloria Goat built a little wooden house out of ice cream sticks.

Bouba and Boubette ont réalisé une superbe peinture avec leurs pattes.

Bouba and Boubette painted a gorgeous painting with their paws.

Ernest Elephant a fait un superbe carillon avec des coquillages et des morceaux de verre polis par la mer ramassés sur la plage.

Ernest Elephant made an enchanting wind chime from shells and sea glass he collected on the beach.

Moi, j'ai fabriqué un attrape-rêves avec de la laine et des perles de diverses couleurs.

I made a dream catcher with colourful wool and beads.

Charlie Chick a confectionné un ravissant collier à partir de perles et de pierres précieuses.

Charlie Chick created an enchanting necklace made out of pearls and precious stones.

Elle l'a fait avec tout son coeur, et a embrassé chaque perle avant de l'enfiler.

She made it with all her heart and kissed each stone before putting it through the thread.

C'était le plus beau collier que nous ayons jamais vu de toute notre vie!

It was the most beautiful necklace we had ever seen in our life!

La Fête des Mères est arrivée, et toutes les Mamans ont été enchantées de leurs cadeaux.

Mother's Day came and all the mummies were delighted with their presents.

Sauf la Maman de Charlie. Elle n'était pas là! La pauvre petite Charlie était très triste.

Except for Charlie's mummy. She wasn't there. Poor little Charlie was very sad.

Nous l'avons tous embrassée et lui avons dit de ne pas s'inquiéter. Nous allions l'aider.

We all hugged her, and told her not to worry. We were going to help her.

Tu vois, mon amie, l'hiver dernier, Charlie a perdu sa Maman. C'était très triste.

You see my friend, last winter Little Charlie lost her mummy. It was very sad.

Sa Maman vit maintenant dans le ciel et veille sur elle: elles sont toujours mère et fille.

Her mummy now lives in the sky and watches over her. They are still mother and daughter.

Il fallait donc que nous trouvions un moyen pour envoyer son cadeau à la Maman de Charlie.

So we had to find a way to send Charlie's mummy her present.

C'est alors qu'un magnifique oiseau scintillant est apparu: elle s'appelait Olga Owl.

That's when a magnificent shimmery bird came along. Her name was Autumn Owl.

Elle a pris le collier et s'est envolée haut dans le ciel. La maman de Charlie était si heureuse de recevoir son cadeau.

She took the necklace and flew high in the sky. Charlie's mummy was so happy to receive her present!

Voici le grand secret, mon amie: les baisers que Charlie a donnés aux pierres étaient magiques.

Here is the big secret my friend: the kisses Charlie blew on the stones were magical.

Quand la Maman de Charlie a mis le collier, Charlie est apparue dans ses bras et l'a embrassée tres fort. Pendant un instant, elles etaient de nouveau ensemble.

When Charlie's mummy put the necklace on, Charlie appeared in her arms and gave her a big hug. For a little moment, they were back together.

C'était notre Fête des Mères magique! Et toi, ma chère? Que peux-tu faire pour ta Maman? Un dessin, un collier, un gâteau, un bouquet de fleurs?

That was our magical Mother's Day! What about you my friend? What can you do for your mummy? A drawing, a necklace, a cake, a flower bunch?

Créons quelque chose ensemble la prochaine fois que tu viendras me voir à Twinkle Farm dans tes rêves.

Ton ami Bubble à qui tu manques. xxx

Let's create something together when you visit me at Twinkle Farm in your dreams.

Your friend Bubble who misses you. xxx

Cloud
Un nuage

Star
Une étoile

Rainbow
Un Arc-en-ciel

Pink
Rose

Red
Rouge

Orange
Orange

Yellow
Jaune

Light Green
Vert Clair

Dark Green
Vert foncé

Light Blue
Bleu Clair

Dark Blue
Bleu Foncé

Purple
Violet

White
Blanc

Grey
Grey

Black
Noir

Brown
Marron

Chime

Carillon

Paint

La peinture

Ice Cream

Glaces esquimaux

Jam

La confiture

Necklace

Collier

Flower Bunch

Bouquet de fleurs

Scarf

Écharpe

Dream Catcher

Attrape-rêves

Wool

La laine

Heart

Un coeur

Cuddle

Un câlin

Kiss

Un bisou

Cow

La Vache

Chicken

Le poulet

Owl

La chouette

To fly

Voler

Rencontre tes nouveaux amis. Meet your new friends.

Bubble Cat

Matty Monkey

Charlie Chick

April Alpaca

Bouba &
Boubette Dog

Paquita Possum

Donny Donkey

Gloria Goat

Ernest Elephant